Gabriela Leonhardt

Fotokreationen und Aphorismen

Erinnerungen an unsere traumhaft schöne Natur

Das Buch beinhaltet eigene Erfahrungen und Erlebnisse, aber die Handlung und die Personen sind frei erfunden.

Gabriela Leonhardt

Fotokreationen und Aphorismen, die noch jeder sehen
und fühlen kann.

Bibliografische Information der Deutschen Nationalbibliothek:
Die Deutsche Nationalbibliothek verzeichnet diese Publikation in der
Deutschen Nationalbibliografie; detaillierte bibliografische Daten sind
im Internet über http://dnb.dnb.de abrufbar.

Titelbild, Aufnahmen und Umschlaggestaltung: Gabriela Leonhardt
Autorenfoto: Don Schone
Lektorat und Satz: Marc Lindor

Herstellung und Verlag: BoD – Books on Demand, Norderstedt

ISBN: 978-3-7460-6497-0

Inhaltsverzeichnis

Bis zum 18. Jahrhundert nannte man Pfeffer das „Schwarze Gold".

Wie lange dauert es noch, bis man Zucker endlich als eines der größten Gifte aller Zeiten benennt?

Würfelzucker

Es ist schöner, einer Pflanze ins Herz zu schauen als den meisten Menschen!

Gänseblume ins Herz

Tiere lügen nicht!

Afra

Ich wollte mal eine Himbeere essen, hab`s vor Schreck doch glatt vergessen!

Himbeerschnecke

Das Internet sollte man im Griff haben, wie die Sucht nach einem Spielkasino!

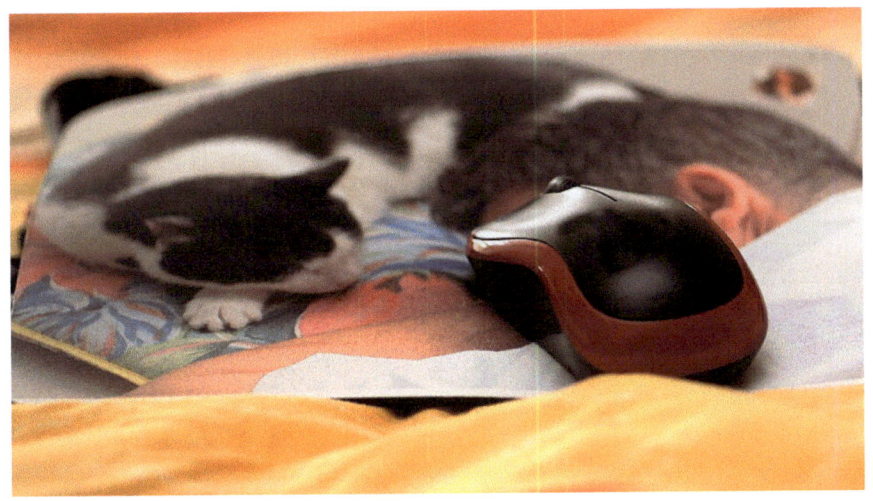

Maus

Mit den meisten Frauen kann ich nichts anfangen.

Lüge, Falschheit und Neid liegen nicht in meiner Natur!

Marienkäfer im Schattenspiel

Menschen die anders sind, die vielleicht nicht so gut Schreiben, Rechnen, Hören, Sehen oder Lesen können, haben oft Fähigkeiten, von denen „normale" Menschen noch nicht einmal träumen.

Kamelie

Die Natur und meine Aufnahmen brauchen kein Make-up.

Weinende Rose

Nicht nur das Geld liegt auf der Straße, die Schönheit der Natur liegt auch vor dir.
Du brauchst nur die Augen, die Seele und dein Herz zu öffnen.

Spuren im Inselsand

Gegensätze – alles ist auf seine ganz eigene Art schön.

Steine auf Fehmarn

Felsen in Süd-England

Meer, Wolken, Italien

Noch ist die Schönheit der Natur unendlich!
Was tust du, damit es so bleibt?

Abendstimmung Altmühltal

Morgensonne in Italien

Müritz Deutschland

Ich habe nur zwei echte Freundinnen. Die erste und allerbeste, meine Waschmaschine. Die zweite ist meine Kamera.

Waschmaschine

Kamera

Mohnblume

Bäume und ihr Freunde

Hornissen beim Bauen

Natur pur

Stechfichte - Blaufichte

Biene im Krokus

Endlich Frühling. Ein lachendes und ein tränen-
des Auge.

Regentropfen auf Krokus

Sorge gut für deinen Körper. Er ist der einzige Ort, in dem du leben kannst.

Spruch von meiner Jogalehrerin

Biene in Apfelblüte

Hortensie

An dem Tag, an dem wir das Plastik erfunden haben, haben wir das qualvolle Ende unserer Mutter Erde beschlossen.

Tulpe Plastik

Wespenbau

Morgentau im Zinnkraut

Jungfer im Grünen

Wildbiene

Graureiher in der Fulda - Aue

Mein alter Hausarzt sagte einmal zu mir:
„Wenn du nicht möchtest, dass deine innere Ge-
sundheit rostet, solltest du nicht zu viel Wasser
trinken."

Schwertmuschel

Man sollte lernen, Beilagen wie Reis, Nudeln und frittierte Kartoffeln als unnötiges Übel, wie etwa Phosphat im Waschpulver zu behandeln.

Mücke auf verwelktem Lilienblatt

Die reinste Form des Wahnsinns ist, alles beim Alten zu lassen und gleichzeitig zu hoffen, dass sich etwas ändert.

Albert Einstein

Mich auslachende Pferde

Schwebfliege auf Mexikanischem Leberbalsam

Raupe auf Hibiskus

Cosmea Schmuckkörbchen

Es war einmal zu der Zeit, als die Menschen sich gut-
gläubig für blöd verkaufen ließen und sich im Ernst ein-
bildeten, mit dem gelben Punkt würde man Gutes für
die Umwelt tun.

In Wahrheit ist das nur ein Freibrief, so viel giftigen
Plastikmüll wie möglich legal zu produzieren. Man
könnte es auch mit einem Freibrief für Waffen verglei-
chen.

Mit dem gelben Punkt haben wir freiwillig unser Ende
besiegelt.

Gelber Sonnenhut

Elektroautos sind so schlimm wie Atommüll. Keiner denkt an die Entsorgung der Batterien. Wenn ein solches Auto einmal brennt, ist es fast unmöglich lebend aus dem Auto herauszukommen.

Zum Löschen braucht man einen Container Sand. Wer es mit Wasser versucht, wird schnell feststellen, dass er den Brand nur füttert und es nur noch schlimmer brennt.

Da ist Diesel das kleinere Übel, wobei aber Kreuzfahrtschiffe und Flugzeuge noch am meisten zur Luftverschmutzung beitragen.

Kreuzfahrtschiff vor Wolke

Flugzeug in den Wolken

Die meisten Menschen sind nur so glücklich,
wie sie es sich selbst vorgenommen haben.

Abraham Lincoln

Vergiss mich nicht

Schwarz-Weiß-Fotografien sind wie Aphorismen, sie drücken mit wenig viel aus.

Almuth Adler

… ich

… da

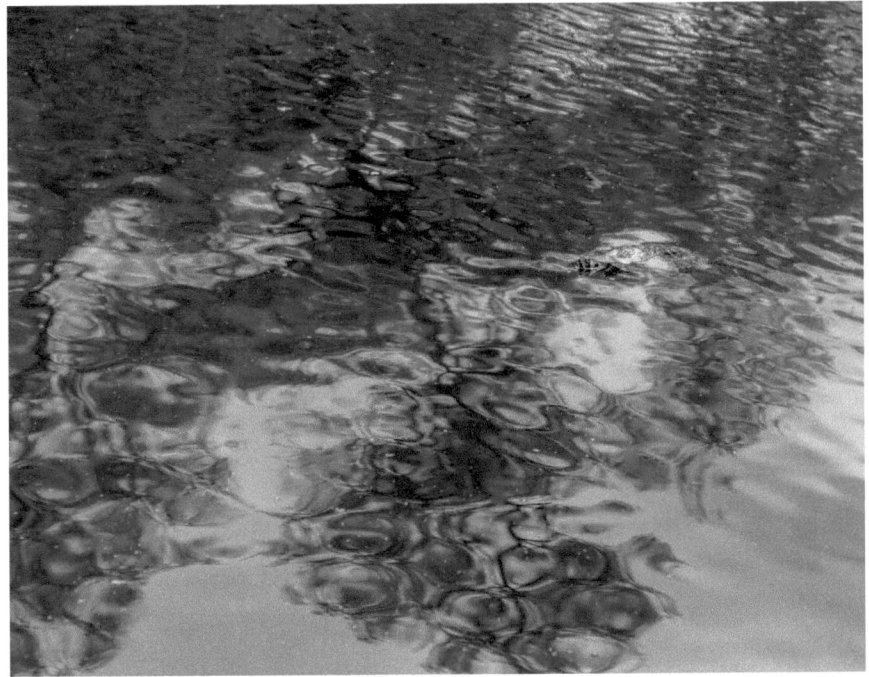

Einsamkeit

Kassel Wilhelmspark

Gottes weißer Tempel

Mönchbruch versinkt im Nebel

Zebraspinne

Fotografieren ist wie Schreiben mit Licht, wie Musizieren mit Farbtönen, wie Malen mit Zeit und Sehen mit Liebe.

Almut Adler

Im Anflug auf Traubenhyazinthe

Mein Freund der Baum

Es war Liebe auf den ersten Blick, wie man so schön sagt. Das Haus hatte drei Schlafzimmer im ersten Stock, genauso wie wir es uns vorgestellt hatten. Vorher hatten wir schon neunundvierzig Häuser angeschaut, in jedem Alter und auch in einigen Preisklassen. Dies hatte aber auch sein Gutes. Die Makler konnten uns jedenfalls keinen Bären mehr aufbinden.

Von wegen, erst zehn Jahre alt, wenn der Estrich ein Sandboden war. Oder fünfhundert Quadratmeter Grund, aber nur eine kleine Terrasse am Haus, und den Garten konnte man mit der Lupe suchen. In den 50er Jahren erbaut, wenn es ein jahrhundertealtes Kellergewölbe hatte oder eine Tapete mit Blümchenmuster. Bei dem Geruch hätte ich eher auf Schimmel getippt! Drei Schlafzimmer, zweihundert Quadratmeter Wohnfläche. Hatte der Makler vielleicht eher Zentimeter gemeint? In einem Puppenhaus war ja mehr Platz! Über solcherlei Kleinigkeiten könnte ich einen ganzen Roman schreiben.

Heute weiß ich auch nicht mehr, wie wir die ganzen Termine zum Anschauen mit zwei kleinen Kindern auf die Reihe gebracht haben.

Doch dann fanden wir das geeignete Haus. Das Grundstück lag direkt an einem Bächlein und hatte die Form eines schrägen, eingedellten Dreiecks. Der Garten war wildromantisch, böse Zungen würden behaupten „verwildert". Woran sich bis heute nichts verändert hat. Im Keller roch es nach Moder, das kam vom Schornstein - der blühte. Die Innenräume waren total verqualmt. Schon eklig, wenn man selbst in der Wohnung keine Raucher duldet. Der Preis für diese Räucherhöhle war dermaßen unverschämt, dass wir uns noch sechs Monate lang sehr gründlich überlegten, ob wir das Haus tatsächlich kaufen wollten.

Also zogen wir im letzten Jahrtausend auf Probe in einen völlig unfertigen Rohbau. In diesem hatten wir alles entfernt, was nicht niet und nagelfest war. Ende Mai war es dann so weit, alles war fertig. Zum Glück bin ich mit einem Handwerker als Mann gesegnet, der meine ausgefallenen, kreativen Ideen meist recht gut umzusetzen vermag. Außerdem habe auch ich noch zwei Hände, die mithelfen können.

Es kamen die Sommerferien. Drückend schwül und heiß war es in diesem Jahr. Wir hatten leider keine Markise zum Schutz vor der Sonne auf der Terrasse. Aus dem einfachen Grund, weil wir nicht flüssig waren. So wenig wie das kleine Bächlein, das sich um unseren Garten schlängelte.

Auf der anderen Seite des Grundstücks war eine Mauer und etwa einen Meter davon entfernt stand ein Baum. Ich werde mal versuchen, ihn zu beschreiben. Eigentlich stehen solche Bäume eher in Parks oder Schwimmbädern, Schatten spendend auf großen Wiesen. Die Luft darunter war besser als jede Klimaanlage. Wenn die nadligen Äste im Sommerwind rauschten, kam man sich vor wie an der See. Im Winter verlor der Baum seine Nadeln, ebenso die kleinen, runden Zapfen, die an ihm hingen. Wenn man diese bis spätestens im Frühjahr nicht aufsammelte, war Barfußlaufen keine so gute Idee. Es pikste beträchtlich. Aber dafür tat das zarte Grün der Nadeln den Augen unendlich gut.

Die Kinder benutzten den Baum, wofür ein Baum im Garten eigentlich bestimmt ist - zum Klettern. Bei unseren Nachbarskindern, die es nicht so mit der Natur haben, musste ich so manches Mal als Beschützer der Bäume in Aktion treten. Mir tat der Baum leid. Das eine Kind war überdurchschnittlich begabt, aber ein guter Umgang mit allen Lebewesen hätte mir eher imponiert.

Einmal, als der Junge sehr wild auf einem Ast herumsprang, fragte ich ihn, was er davon halten würde, wenn jemand so auf seinem Arm herumspringen würde. Da schaute er mich nur mit großen, wunderschönen Kinderaugen an, brachte aber keinen Ton heraus. Ich bin so erzogen worden, dass man anderen nichts tut, was man selbst nicht angetan haben möchte.

Wir hatten auch Obstbäume, die herrlich blühten. Die zarten Blüten waren für mich und meine Kamera immer ein dankbares Motiv. Beim Fußballspiel im Garten haben unsere Bäume allerdings so manche Blüte verloren.

Durch mein loses Mundwerk habe ich mich bestimmt zu einer unbeliebten, unbequemen Nachbarin gemacht. Erfreulicherweise machten die Nachbarskinder ein Freiwilligenjahr als Bufdi in einem Altersheim und kümmerten sich als Jugendliche rührend um die alten Leutchen.

Der Baum wurde immer größer, und es lagen immer mehr Zapfen auf der Wiese. Der Nachbar hinter der Mauer beschwerte sich, wir hätten ihn zu nah an die Mauer gepflanzt. Dabei stand der Baum schon Jahre dort, bevor wir eingezogen waren. Ich beschützte ihn, so lang es irgendwie ging. Wie immer: eine gegen den Rest der Welt, aber das ist ja nichts Neues. Irgendwann wollte ich auch nicht mehr. Die Zapfen waren so zahlreich, dass man sie täglich eine halbe Stunde einsammeln durfte, bis der Garten davon befreit war. Dann hatten sie mich endlich so weit, ich gab meine Erlaubnis zum Fällen.

Was dann folgte, hat sich unauslöschlich in mein Gedächtnis gebrannt. Wir kappten erst die Spitze von etwa drei Metern. Dazu stand mein Mann auf der Leiter; ich mit meinem ganzen Gewicht auf der anderen Seite, um ihn abzusichern. Die beiden Seile, die um die Spitze geschlungen waren, hielten unsere Söhne. Mein Mann schlug mit der Axt auf den Stamm. Es kam wie es kommen musste: nach zwanzig kräftigen Schlägen fiel die Spitze zu Boden. Natürlich auf meine Seite. Wenn wir nicht so ein Glück gehabt hätten, hätte einer meiner Söhne jetzt einen Arm weniger, und ich wäre nicht mehr am Leben.

Schreiben hätte ich dies natürlich auch nicht mehr können.

Eine Woche später kam ein Arbeitskollege meines Mannes mit seiner Elektrosäge und brachte den Stamm Meter für Meter dem Erdboden näher. Plötzlich, es stand nur noch ein Stumpf von etwa einem Meter, da hörten wir ein Seufzen. Oder war es ein Schrei? Der Boden unter meinen Füßen erbebte. Dann war es für einen Moment still. So still!

Selbst die Vögel, Frösche, Bienen – ja sogar der Wind – hielten den Atem an.

Beim letzten Meter spritzte auf einmal Flüssigkeit wie aus einem Feuerwehrschlauch in Richtung Himmel. Der Baum weinte. Ganze fünfzehn Minuten lang. Der gesamte Lebenssaft fuhr aus ihm heraus. Es tat mir in der Seele weh, und ich fühlte mich wie eine Mörderin.

Der Friede ist ein Baum,
der eines langen Wachstums bedarf.

Zitat von Antoine de Saint-Exupéry

Ostseebaum

Einsteins Urenkelin

Im magischen Schein des Sonnenlichtersturms landete unser kleines Raumschiff unbemerkt auf dem Planeten 003, der von den Bewohnern als Mutter Erde bezeichnet wird. Im Schutze der Dämmerung liefen wir Vier die Landebrücke hinunter.

Wenn ich, als ihr Schreiberling, uns einfach kurz vorstellen dürfte: Wir sind Bewohner vom Planeten 001. Da wäre zum einen unser Geiger, Mister Banana, mit fliederfarbenen Händen. Zum anderen, und nicht zu vergessen, Mamsell Birne, zumeist unsichtbar und wie immer inkognito. Und natürlich Miss Muffin, die eigentlich eher einem Donut ähnelt. Sie sieht von vorne wie ein runder, rosafarbener Zuckergussring aus und hat auf der rechten Seite ihren Fotoapparat. Auf ihrem Hinterteil ist sie mit dunkler Schokolade überzogen.

Als sich die Tür des Raumschiffes schwebend öffnete, fiel unser Blick als Allererstes auf einen fein säuberlich abgenagten Apfelkrotzen. Der lag dort auf dem Sand, wie heruntergebeamt. Im Strahl der Scheinwerfer kam es uns jedenfalls so vor. Wir konnten auf den ersten Blick keine sichtlichen Spuren von Gewalt erkennen.

Wir hatten den Auftrag bekommen, die Erde von jeglichem Plastikmüll zu befreien. Damit hatten wir jede Menge Arbeit. Was in den 300 Millionen Jahren, die dieser Planet nun schon besteht, eine der schwierigsten Aufgaben war. Old Papa Einstein hatte uns eine seiner genialen Erfindungen mit auf die Reise gegeben. Die ist so groß wie ein kleiner Apfel und kann, wie ein Magnet, alles Plastik in fünfzig Quadratkilometern Umkreis einfangen und zu einer Art Patronenhülse zusammenschmelzen. Die wird dann als Treibstoff für unser Raumschiff genutzt. Das Allerbeste aber ist, dass keinerlei Abfall entsteht.

Einsteins Urenkelin war bei ihrem letzten Besuch auf dem Planeten 003 gerade noch so mit dem Leben davongekommen. Wie der fein säuberlich abgenagte Apfelkrotzen beweist. Im Moment arbeitet sie an dem Entwurf einer Erfindung, die den Atommüll spurlos beseitigen soll. Dieses Mal soll die Erfindung die Form einer Walnuss mit je vier Kammern bekommen.

Seit dem letzten Weltkrieg fabrizieren die Erdlinge nur Müll und denken nicht an später. Aus diesem Grund werden Genies auch nicht mehr auf der Erde geboren, sondern seit über hundert Jahren nur noch auf unserem Planeten, die Nummer 001.

Johanna, so heißt die Urenkelin von Einstein, hatte uns schon vorbereitet, aber für die Erdlinge wird unsere Mission sicherlich kein Spaß sein! Wir waren in Frankfurt direkt neben dem Goetheturm gelandet. Mit Einsteins Apfel im Handgepäck, gab Mamsell Birne etwas von ihrem genialen Puder über unser Raumschiff. Es wurde augenblicklich unsichtbar. Die Materie löste sich in Luft auf, und das Raumschiff war für die Erdlinge nicht mehr aufzuspüren. Mister Banana stellte sich mit dem Apfel auf dem höchsten Punkt des Goetheturms in Position. Er drückte den Stiel zusammen. Sofort sauste alles Plastik, das auch „Kunststoff" genannt wird, in den Apfel. Mit Lichtgeschwindigkeit auf die passende Größe gepresst. Alle paar Minuten mussten wir den Standort wechseln. Wenn alles klappt, würden wir in 101 Tagen die Heimreise antreten. Das Problem war jedoch, dass wir die Erdlinge nicht um eine allumfassende Erlaubnis gebeten hatten.

Aus Erfahrung wissen wir, dass sie bei der Vernichtung von altem Plastikmüll nichts einzuwenden haben. Sie sind durchaus dankbar, wenn wir die Ozeane von altem Plastikschrott befreien. Aber bei Klinikmaterial sieht die Sache schon anders aus. Irgendwie auch verständlich. So eine Blutkonserve ohne Beutel ist nicht sehr appetitlich. Und steril ist sie wohl auch nicht mehr. Zahnersatz aus Kunststoff ist schon gemein, wenn der einfach so wegsaust. Bank- und Krankenversicherungskarte, Führerschein und Personalausweis sind für die Erdlinge ungeheuer wichtig, was auch durchaus berechtigt ist. Aber ganz ohne Plastikhülle schnell wertlos.

Deshalb erklärten sie uns, als es ans Eingemachte ging, den Krieg. Manche wurden richtig aggressiv und grantig, als wir die wertvollen

Rohstoffe ihrer Firmen, die kälte- und hitzebeständiges sowie bruchsicheres und teures Plastik herstellen, einfach zerstörten.

Erstaunlich sind diese Leute, wie im Taumel, beinahe süchtig. Es lechzt sie danach, ihre Sachen zu vermarkten. Man könnte es auch „raffiniert verkaufen" nennen. Dass die eingesperrten Lebensmittel nun wieder frei wie die Vögel herumfliegen, brachte manche Damen und Herren fast um ihr letztes bisschen Verstand. Die ganze Technik und Elektronik, und ihr liebste Kind, das Auto, nicht zu vergessen! Heutzutage geht ja fast gar nichts mehr ohne diesen giftigen Schrott. Die Erdlinge müssten uns auf Knien danken, dass wir sie davon befreit haben. Aber was machen die? Jammern und uns den Krieg erklären!

Ein Erdenkind von nur acht Jahren hat einmal gesagt: „An dem Tag, als wir das Plastik erfunden haben, haben wir das qualvolle Ende unserer Mutter Erde beschlossen." Aber wie das so ist im Leben: Auf Kinder hören die Erdlinge nicht.

Goetheturm 2015

Louise

Die Sonne schien noch warm. Man sah den Staub in der Luft flimmern als wir zum Feuerwehrfest gingen, an diesem letzten Sonntag im Juli. Wir nahmen, wie jedes Jahr, an der Tombola teil. Pro Los ein Euro und das für einen guten Zweck. Da konnte man nicht meckern.

Wir sahen der Freiwilligen Feuerwehr bei ihren Übungen zu. In der Zwischenzeit aßen und tranken wir etwas. Gegen 16:00 Uhr konnten wir die Gewinne abholen. Meine Gewinne waren eine Schneeschaufel, eine rote Rewe-Einkaufstasche und ein roter Plastikstreifen für Koffer. Mein Sohn hatte den ersten Preis bekommen, einen Saugroboter. Toll, dachte ich, jetzt brauchen wir nicht mehr alle fünf Minuten Staub saugen, wenn die lieben Wellis Federn lassen.

Zugegeben, ich hasse Staubsaugen. Allein das Geräusch von diesen Saugern und dieses blöde „zieh und stoß mich" machen mich fuchsteufelswild. Da kam uns Louise wie gerufen. So nannte mein Sohn das runde Saugwunder.

Aber die meisten würden solche Possen nicht mitmachen: eine Stunde Saugen, sich ständig in den Fransen und unter den Möbeln verkeilen, dann Piepen bis Louise, der Saugroboter, wieder befreit war. Wenn der Akku leer war, sieben Stunden laden.

Des Nachts träumte ich, der Roboter in Louise wäre eine Drohne mit eingebauter Videokamera und würde uns für den BND ausspionieren. Der würde uns die Gründe verschweigen, uns manipulieren und anschließend eliminieren. Um Mitternacht klingelte es bei uns Sturm. Der BND hatte uns tatsächlich ausspioniert, unsere Daten waren von Louise in die Zentrale geleitet worden. Nun meinten diese Leute, sie hätten einen guten Grund, unsere Wohnung zu durchsuchen.

Mir lief es eiskalt den Rücken herunter. Ich kam mir wie in einem Gruselfilm vor. Sie wühlten alles durch, leerten die Schubladen, sogar mein Schuhregal und verstreuten alles auf den Boden. Der Gipfel dieser Aktion aber war, dass sie meine nagelneuen, roten Pumps mitnahmen. Da platzte mir der Kragen. Ich rastete völlig aus und fragte, ob sie einen Schuhfetischisten dabei hätten.

Schweißgebadet wachte ich auf und saß senkrecht im Bett. Der gläserne Mensch, wie weit sind wir noch davon entfernt?

Louise

Bienensterben

Das Hotel unserer Freunde im Urlaub nannte sich „Boddenhus". Als eingefleischte Camper hatten wir zwei Wochen auf dem Campingplatz am Freesenbruch gebucht, gelegen an der wunderschönen Ostsee. Freitagabend um sieben Uhr fuhren wir los. Wir, das waren in diesem Fall mein Mann, unser Sohn, ich und unser Hängergespann.

Ich rief gleich am Montag bei der Kurverwaltung an und buchte für drei Personen einen Wildkräuterlehrgang und einen Fahrradausflug. Mit der Rangerin Helga auf der Naturschutzinsel Kirr. Wir fuhren erst mit dem Fahrrad eine Weile auf dem mit Gras bewachsenen Festland. Dort erklärte uns Helga wie Giersch ausschaut. Ein wichtiges Heilkraut gegen Gicht und Rheuma. Wir entdeckten auch Apfelrosen, die - mit Leitungswasser gemischt - ein köstlicher Durstlöcher sind. Und kleine, lila Blüten, die Bergsandköpfchen heißen und die, wie der rote Klee, hier auch noch zahlreich vertreten sind. Auf der Insel wie auf dem Festland.

Wir fuhren weiter, von unzähligen Stechmücken begleitet, durch den urwüchsigen Wald, in dem noch fünf Europäische Mammutbäume und alte, bei uns längst ausgestorbene Königsfarne wuchsen. Dann setzen wir mit einer kleinen Fähre zur Insel Kirr über. Wir hatten gerade einen Fuß an Land gesetzt, da wurden wir auch schon von drei Wachgänsen begrüßt. Nach einer kleinen Stärkung, bei Kaffee und Tee in einer großen Gartenhütte, bewunderten wir die alte Ölweide, die mit ihren kleinen gelben, gut duftenden Blüten die Gartenhütte überdachte.

Peter, der Ranger und Ornithologe, hielt einen Vortrag über das Thema „Unsere Natur ist nicht mehr zu retten". Fragen waren willkommen. Das ließ ich mir nicht zweimal sagen und legte gleich los. „Peter, wie alt sind die Wachgänse?" Peter sagte: etwa drei Monate. „Sind sie nachts in der Hütte?" „Ja, sonst holt sie der Fuchs oder der Seeadler!" „Was tut ihr auf der Insel gegen das Bienensterben?" „Wir leben so natürlich wie möglich und produzieren keinen unorganischen Müll."

Rundum Pflanzen, Naturwiesen mit bienenfreundlichen Blumen und Kräutern.

Dann legte er los: "In unseren Meeren ist bald mehr Plastik als Wasser. Wir nehmen mit jedem Bissen und jedem Schluck und jedem Atemzug diesen giftigen Müll zu uns. Der größte Feind des Menschen ist der Mensch selbst. Er wird es früher oder später schon schaffen, sich selbst auszurotten."

Nachdem wir uns das erst einmal zu Gemüte geführt hatten, ging es zu den Bienenstöcken. Wie überall im Land, hatte das große Bienensterben eingesetzt. Peter stellte uns Louise, die Imkerin von Kirr, vor. Sie hielt einen interessanten Vortrag. Die fleißigen Tierchen müssen inzwischen elendiglich verhungern, weil ihr Nektar mit Pestiziden verseucht ist. Zwei Jahre gab es nun schon keinen Honig, keine Früchte, keinen Salat und auch kein Gemüse mehr auf der Insel. Das wenige auf dem freien Markt war so teuer, das es sich nur noch ganz Reiche leisten konnten. Aber da bin ich der Meinung, dass wir selbst mitschuldig sind. Warum müssen zum Beispiel Äpfel oder Tomaten immer gleich groß sein? Verschiedene Größen schmecken doch nicht weniger gut, oder? Können wir uns denn nicht regional ernähren? - Nein auf keinen Fall! Das würde ja weniger Müll und bessere Luft bedeuten!

Einige Besitzer von Blaubeerplantagen mit Gewächshäusern setzten schon Zuchthummeln zur Bestäubung ein. Aber leider kommt das für Obstbäume und Gemüse nicht in Frage. Die Imkerin erklärte uns, dass sie nun die Arbeit der Bienen den Bauern, gegen Bezahlung, aufzwingen musste. Die gingen mit einem kleinen Pinsel von Blüte zu Blüte und bestäubten diese von Hand. Aber wenn erst mal der Mensch aussuchen darf, was bestäubt werden darf, ist es wie mit den Regenmachern. Der Anfang vom Ende. Dem lieben Gott ins Handwerk gepfuscht, wenn das mal gut geht!

Ja, bei Glyphosat und anderen Chemiekeulen hatte man nicht lange gefragt und das Gift in den Boden eingearbeitet. Es wird sogar noch staatlich bezuschusst. Auf unserer Uhr ist es schon fünf vor Zwölf, und wenn die Weltbevölkerung nicht verhungern will, muss man jetzt ganz schnell handeln.

Weg von der Wegwerfgesellschaft., den gelben Punkt entlarven und sofort verbieten, kein Plastik mehr herstellen. Und auf keinen Fall mehr Plastik in den Meeren entsorgen!

Elektroautos sind auch nicht die Lösung, weil die Entsorgung von Batterien gleich nach dem Atommüll kommt. Keine giftigen Abgase mehr produzieren. Öfter mal das Fahrrad oder Schusters Rappen benutzen. Aber nein, ist ja gesund und auch noch gut für die Luft! Das geht schon mal gar nicht!

Keine Massentierhaltung. Die Weltbevölkerung hauptsächlich pflanzlich, höchstens einmal im Monat mit Wild, ernähren. Das wissen alle, aber selbst jetzt noch nur dummes Gerede und null Handlung.

Da soll man nicht in die Luft gehen? Wie sagte man früher so schön: „Halt mein Freund, wer wird denn gleich in die Luft gehen. Greife lieber zur HB".

Fleißige Bienen dem Sonnenlicht entgegen

.

Gans Agathe

Plastiksteuer, nur so ein Gedanke

Vor fünf Jahrzehnten sagte mein Spielkamerad: "Zigaretten sollten fünf Mark die Schachtel kosten." Er war mit seinen rauchenden Eltern unzufrieden, weil es überall entsetzlich stank.

Mein Klassenlehrer sagte: "Bis sich ein Plastikeimer zersetzt, werden fünf Generationen vergehen." Andere waren der Meinung, dass fünf Mark für einen Liter Benzin durchaus berechtigt seien.

Ich finde, wir zahlen ziemlich unwichtige Steuern. Ich fordere eine Plastiksteuer für jeden der meint, dass man ohne einen Gegenstand aus diesem Material nicht auskommen könne. Das wäre für mich die einzige Steuer, die ich als sinnvoll bezeichnen würde. Warum muss Obst und Gemüse eingeschweißt sein? Allein die Salatgurke in Folie ist kaum aus der Hülle zu bekommen. Dabei hat die Natur ihr eine feste Schale als Verpackung mitgegeben. Spart man wirklich an der Verkäuferin, die alles in Papiertüten packten könnte? Elektroartikel werden einbruchsicher verschweißt. Könnte ja sein, dass nicht jeder für jeden Mist eine Plastikverpackung braucht.

Super wäre, wenn man für eine blöde Plastiktüte 20 Euro Steuern bezahlen müsste. Könnte ja sein, dass nicht jeder für jeden Mist dann noch eine bräuchte. Unsere Umwelt, die Meere, und ich wären auf jeden Fall dankbar für diese Art von Steuer.

Rose im Morgentau

Hartriegel mit Rosenkäfer

Roter Hartriegel

Lila Tulpe mit Wildbiene

Brennnessel

Island Mohn

Winterjasmin mit Regentropfen

Löwenzahn Pusteblume

Träumende Magnolie

Sonne mit Wolkenaufgang in Italien

Hafenschlick auf der Insel Juist

Über die Autorin

Gabriela Leonhardt wurde am 25.05.1961 in Offenbach am Main als ältestes Kind einer hessischen Mutter und eines aus Danzig stammenden Vaters geboren. Sie ist seit 1983 verheiratet und hat zwei erwachsene Söhne.

Sie fing erst im Alter von 49 Jahren mit dem Schreiben an. Wie bei den meisten Künstlern, ließ sie sich nicht unterkriegen und ist ihren steinigen Weg gegangen.

„Es ist nie zu spät, packen wir es an", lautet ihr Motto.

Sie fotografiert leidenschaftlich gern. Einige ihrer Bilder gehen mitten ins Herz.

Weil sie sich ein halbes Leben mit den Buchstaben gequält hatte, behauptet sie jetzt frech: Erst kommt das Fotografieren; das Schreiben ist nur ein „Nebenjob".

Danksagung

Als Legasthenikerin taste ich mich schreibend durch den dunklen Buchstaben-Dschungel. Man kann dies mit einem Musiker vergleichen, der keine Noten kennt.

Ich danke meinen drei Männern dafür, dass sie mich in Ruhe arbeiten lassen.

Unbeschreiblich herzlichen Dank auch an meinem Lektor Marc Lindor, der noch unzählige Fehler korrigieren konnte. Jeder, der schon einmal das Vergnügen hatte ein Buch zu schreiben, weiß, dass es gänzlich fehlerfrei einfach nicht gibt. Er war von meinen Aufnahmen so begeistert, dass er mich rügte und mir verbot, sie jemals wieder in der Schublade vergammeln zu lassen. Er war regelrecht sauer auf mich und behauptete, dass ich mein Talent nicht würdigen würde. „Ob Du das magst oder nicht spielt keine Rolle, diese Bilder müssen einfach den Menschen gezeigt werden. Also los!" Und zitierte frei nach Ursula Maria Lang: *"Jeder Mensch hat seine Berufung: Werde erfolgreich mit Deinen Talenten. Denn mit unseren Talenten bereichern wir die Welt!"* Ich habe ihm nicht mehr widersprochen.

Nachsatz: Erst kamen meine Bilder. Dann die zu den Bildern passenden Aphorismen in kleinen Fotobüchern und viele Jahre später erst die Idee zum zweiten Anlauf, und last but not least, die Verwirklichung dieses Buches.